AUTOR:

PEDRO ROJAS PEDREGOSA

TÉCNICAS DE EXPRESIÓN CORPORAL PARA LAS CLASES DE EDUCACIÓN FÍSICA DE PRIMARIA Y SECUNDARIA

WANCEULEN
EDITORIAL

WANCEULEN
EDITORIAL DEPORTIVA

©Copyright: Pedro Rojas Pedregosa

©Copyright: De la presente Edición, Año 2017 WANCEULEN EDITORIAL

Título: TÉCNICAS DE EXPRESIÓN CORPORAL PARA LAS CLASES DE EDUCACIÓN FÍSICA DE PRIMARIA Y
SECUNDARIA

Autores: PEDRO ROJAS PEDREGOSA

Editorial: WANCEULEN EDITORIAL

Sello Editorial: WANCEULEN EDITORIAL DEPORTIVA

ISBN (Papel): 978-84-9993-775-5

ISBN (Ebook): 978-84-9993-776-2

Impreso en España. 2017.

WANCEULEN S.L.

C/ Cristo del Desamparo y Abandono, 56 - 41006 Sevilla

Dirección web: www.wanceuleneditorial.com y www.wanceulen.com

Email: info@wanceuleneditorial.com

ÍNDICE

INTRODUCCIÓN

Se puede considerar como obvio y multitud de estudios así lo demuestra que la Expresión Corporal acompaña durante toda su vida al hombre, condicionándole en multitud de aspectos físicos, psíquicos y sociales. En las normativas educativas españolas así lo contemplan desde las competencias generales y/o desde el área de la Educación Física.

No obstante, lo anteriormente expuesto, la Expresión Corporal como finalidad educativa y como bloque de contenidos específicos algunos autores la consideran como contenido marginal y poco desarrollado en las clases de Educación Física en la enseñanza no universitaria, con una fuerte tendencia "femenina" con una vertiente hacia la danza (During, 1981)

Pero ¿qué opinan los y las profesionales de la Educación Física? y ¿qué ocurre en la realidad de la clase y en el desarrollo de las sesiones de las unidades didácticas?

No abundan los trabajos científicos sobre la opinión del profesorado sobre estos temas.

En 2003 publicamos el trabajo "Currículo, deporte y actividad física en el ámbito escolar. La visión del profesorado de Educación Física en Andalucía" Este estudio es consecuencia de un trabajo de investigación financiado por el Instituto Andaluz del Deporte (1)

En esta investigación, entre otros objetivos, se pretende averiguar la concepción de las finalidades educativas, contenidos y práctica educativa del profesorado de Educación Física andaluz.

Respecto a la finalidad educativa "desarrollo de la expresión corporal" según su concepción educativa. De una valoración de distintas finalidades educativas propuestas; de 1 a 5 (1, muy poco valorado y 5, valoración máxima). El profesorado de Educación Primaria le da una valoración media de 3.82 y un 3.73 en Secundaria. Estos promedios corresponden a un valor medio bajo que está por detrás de finalidades tales como "el desarrollo de relaciones socioafectivas", "hábitos y salud", "lúdico recreativa" "desarrollo de destrezas motrices" y por delante de finalidades de "tiempo libre", "rendimiento deportivo" y "conocimientos teóricos".

Esta finalidad se corresponde a contenidos recientemente incluidos en el área de Educación Física, cuya materia no es dominada suficientemente por la totalidad del profesorado y que en el trabajo citado es un motivo que relega su importancia respecto a otras finalidades fuertemente arraigadas en el área de Educación Física.

Otra de las razones que el profesorado argumenta para darle poca importancia a la Expresión Corporal es la falta de formación inicial de los profesionales (Sicilia, 1996). Un sector del profesorado considera que hay una tendencia positiva del desarrollo de la materia enfocándose especialmente en danzas y bailes de salón que están de moda.

Cuando se le pregunta al profesorado sobre el desarrollo de los diferentes bloques dentro de sus planificaciones anuales, se muestra una correlación significativa con las opiniones que se dan de las finalidades; respecto al bloque de "expresión corporal" cuando se le pide al profesorado que indique la frecuencia con que se trabajó el contenido (0, nunca hasta 4, siempre), se obtiene una media de 2.68 el más bajo de los contenidos objeto de estudio junto con el de "actividades físicas en el medio natural".

Los resultados indican muchas dificultades para desarrollar este bloque, entre los que "nunca" lo programan y "a veces" aparece una media del 48.2 %, frente a un 4.2 % que "siempre" lo contempla en sus programaciones.

Las dos razones alegadas que justifican el escaso uso de la "expresión corporal" sería por falta de formación un 38.8 % y falta de tiempo (prioridad de otros objetivos) un 50 %.

En distintos grupos de discusión se señalan algunas causas para su desarrollo y que podríamos resumir; "en la dificultad de participación por género", "en el gusto y en el conocimiento de la materia"

En resumen "La Expresión Corporal" es una finalidad educativa y un bloque de contenidos muy reciente dentro del área de la Educación Física y que para su programación es necesario: conocerla y aplicar metodologías específicas. Y estos son los objetivos que se derivan de la presente publicación cuyo autor es Pedro Rojas Pedregosa.

Este "manual" debe de servir como iniciación, como "quita miedos" para trabajar la expresión corporal. No es en si mismo un recetario de soluciones, es una publicación amena, pedagógica y bien estructurada que aporta información básica sobre las distintas materias que componen este bloque de contenidos; dando la posibilidad de buscar más información de una forma sistemática y didáctica.

(1) MANZANO, J.I. CAÑADAS, J.F. DELGADO, M.A. GUTIERREZ, M. SAENZ-LOPEZ, P. SICILIA, A. VARELA, R. (2003) *Currículo, deporte y actividad física en el ámbito escolar*. Instituto Andaluz del Deporte. Málaga.

1. ¿HACEMOS UN POCO DE HISTORIA?

Partiendo de la evolución que la expresión corporal ha tenido y tiene en la Educación Física, abordamos este recorrido, partiendo del siguiente cuadro:

GRANDRES INSPIRADORES (Finales del siglo XIX)	JEAN GEORGES NOVERRE (1727/1810) FRANCOIS DELSARTE (1811/1871)
GRANDES IMPULSORES (De 1900 a 1970)	EMILE DALCROZE (1865/1950) RUDOLF VON LABAN (1879/1958) WIENER Y LIDSTONE RUDOLF BODE (1881/1971) HENRICH MEDAU (1890/1974) MARY WIGMAN (1886/1973)
CREADORES ACTUALES (De los años 70 a nuestros días)	• FRANCESA • ALEMANA • ARGENTINA • ESPAÑOLA • OTRAS INFLUENCIAS.

Tabla 5.1. Evolución de la expresión corporal en la Educación Física. Libro Educación Física. Propuestas para el cambio. Belén Tabernero Sánchez. Editorial Paidotribo.
(Página 202)

1.1. SUS INSPIRADORES

Entre los grandes inspiradores e investigadores de lo que es el movimiento corporal expresivo, destacamos a dos europeos como son J. Noverre y F. Delsarte como los más claros inspiradores de la que fue esta nueva corriente de pensamiento sobre la acción corporal.

1.1.1. JEAN-GEORGES NOVERRE

Destacado bailarín y coreógrafo francés cuyos principios artísticos se basaban en:

- la intervención del alma y el sentimiento en el movimiento, dándole su razón de ser.

- La utilización de la Naturaleza como fuente primaria de inspiración.

A partir de sus ideas, empezó a considerarse la importancia de un movimiento sentido que nace de la interiorización y el pensamiento del ser humano, admitiéndose la gran capacidad de traducción que tiene el cuerpo para exteriorizar sensaciones y sentimientos.

1.1.2. FRANCOIS DELSARTE

Continuador de Noverre, sienta las bases de la gran actividad creadora que se produce en la segunda mitad del siglo XIX.

Investigador riguroso del gesto, de la voz y de las relaciones entre ellas.

Importante conocer las tres ciencias de Delsarte:

- La Estática: Ciencia del equilibrio de las formas.
- La Dinámica: Ciencia de la expresión del movimiento.
- La Semiótica: Ciencia que analiza la forma orgánica y el estudio del sentimiento que determina dicha forma.

Hay que considerar a Delsarte como iniciador de unas pautas para la construcción de una técnica corporal.

1.1.3 EMILE JAQUES—DALCROZE

Músico y didacta que mediante la observación sistemática de su alumnado creo su método en el que su principal característica era el movimiento corporal. Sus bases son:

- El acondicionamiento físico.
- El desarrollo de la concentración
- El desarrollo de la espontaneidad.
- La potenciación de la creatividad.
- El desarrollo del ritmo relacionado con la música.

Su método es conocido como EURITMIA o RÍTMICA DALCROZE.

Gracias a su trabajo entendemos hoy con claridad las relaciones estrechas entre la música y el movimiento, así como la presencia de los ritmos orgánicos, corporales, musicales y las diferentes formas de integrarlos en la educación de la niña o del niño.

1.1.4 RUDOLF VON LABAN

Creador de la Danza Expresiva. Considera que la danza es una forma de Expresión Corporal de un individuo o de un grupo y constituye un reflejo de sus maneras de pensar.

Coreógrafo, escenógrafo, teórico, escritor,....., reconocido como investigador del movimiento.

Creó dos obras fundamentales:

- La Labanotación
- La Danza Educativa Moderna (danza libre, creativa y expresiva).

Destacan los elementos del movimiento en la obra de Laban, como son el espacio, el tiempo y la energía. Crea los ocho esfuerzos o acciones básicas:

- Presionar
- Retorcer
- Golpear
- Teclear
- Sacudir
- Hendir

Este estudio será la base del conocimiento, según algunos, para cualquier profesor que se plantee la enseñanza de la expresión corporal.

1.1.5 RUDOLF BODE

Creador de la Gimnasia Rítmica.

1.1.6 HENRICH MEDAU

Utilizó la improvisación musical como fuente estimuladora del movimiento. Se inspiró en danzas del folclore tradicional y creó lo que se denominó la Escuela del Movimiento.

1.1.7 MARY WIGMAN

Bailarina y creadora de la Gimnasia Expresiva. Inventó gestos técnicos para la danza.

1.2 LAS NUEVAS TENDENCIAS

La expresión corporal toma sus planteamientos, como ya hemos visto, de lo que anteriormente hemos comentado de autores y sus creaciones, pero las metodologías que han surgido después y están desarrollándose hoy en día vienen de las formas de entender esta disciplina que han tenido diversas corrientes o escuelas.

Podríamos hablar de infinidad de escuelas, pero nos detendremos a modo de ejemplo en unas pocas.

1.2.1 Escuela Francesa

Surge como movimiento en los años 70 y se ve propiciada por unos aires de renovación, de revisión, de cambio en las formas corporales.

Podemos hablar de Laura Celen, profesora y bailarina que fue una de las renovadoras.

Igualmente la profesora T. Bertherat que desde el ámbito de la Educación Física aplica y propone su método de Antigimnasia, que parte de los principios metodológicos de la rehabilitación física y supone un auténtico varapalo a muchos de los sistemas incluso más actuales, por su forma tan radical de entender la actividad física y su educación. *".... Para ejercitarse en una expresión corporal que valga para algo, hay que tomar conciencia primero de las propias represiones corporales."(Bertherat,1987, 71-72)*

1.2.2 Escuela Argentina

Patricia Stokoe creó en Buenos Aires la prestigiosa Escuela Stokoe, desde donde consiguió poner las bases para el desarrollo de la expresión corporal entendida como danza, que es aquella que se define como la manera de danzar que lleva impreso el toque o sello personal de cada ser.

María Fux, se centro en el trabajo corporal con discapacitados, abriendo una orientación nueva denominada Danzaterapia. "La danza nos proporciona conciencia de nuestro ser, placer por existir y movernos libremente, como un patrimonio ancestral de la humanidad al alcance de todos" (Colombia Moya en Waldeen 1982).

1.2.3 Otras formas:

Las más usuales y que están muy extendidas son:

- Gimnasia-Jazz de Mónica Beckman
- Danzaterapia de María Fux
- Eutonía de Gerda Alexander
- Contact-Improvisation, entre otros.

1.3 ACLARANDO CONCEPTOS

Llegados a este punto, es importante dejar claros algunos conceptos antes de seguir adelante.

Por **Expresión Corporal**, podemos entender multitud de definiciones. Rafael Portillo y Jesús Casado la definen, en su libro "Abecedario del Teatro", como aquella *"Disciplina que se ocupa del cuerpo"* de la persona *"de la capacidad expresiva que posee por medio de gestos, movimientos y actitudes"* (1). Además *"es perenne, a temporal y por tanto con posibilidad de ser trabajada desde la niñez a la vejez pasando por la edad adulta"* (2).

La **Imagen Corporal**, algo también importante a tener en cuenta, sobre todo en secundaria y de la que hay que decir que está *"Condicionada por los caracteres físicos de las personas"*, lo que conlleva el *"tener una concepción subjetiva del propio cuerpo que va paralela a la concepción objetiva que los demás tienen de nuestro cuerpo"* (2), o lo que se denomina nivel cualitativo.

El **Esquema Corporal**, siendo este *"el tipo de adaptación que se establece entre las estructuras ósea y los grados de tensión muscular de todos y cada uno de los segmentos del cuerpo"*. Siendo esto lo que *"hace posible la percepción global y de dichos segmentos"* (2). O lo que se llama nivel cuantitativo.

La **Conciencia Corporal**, que viene a ser algo así como *"la combinación o suma continuada de los dos conceptos anteriores" (2)*

(1) *Abecedario del Teatro. Rafael Portillo y Jesús Casado. Ministerio de Cultura. Instituto Nacional de las Artes Escénicas y de la Música. 1986. (Página 70)*
(2) *Expresión Corporal y Danza. Marta Castañer Balcells. Editorial INDE. 2000 (Página 10)*

1.4 SU APLICACIÓN Y PRETENSIONES:

Se sabe, desde hace tiempo, que la expresión corporal orienta a multitud de disciplinas en su práctica, y se han nutrido de ella, *"tanto a nivel conceptual, actitudinal como procedimental, como es el caso del arte escénico, las terapias psicológicas, las técnicas metafísicas, etc."*, aunque *"estas corrientes próximas en sus contenidos se alejan en cuanto a objetivos y metodología" (3)* de la expresión corporal, a continuación se enuncian algunas y la forma que tienen de hacerlo:

- **Psicología.** Con algunas técnicas corporales que sirven de terapia de ayuda al desarrollo de la persona.
- **Antropología**. Trabaja el campo de la semiótica, en la comunicación no verbal y el lenguaje corporal.
- **Metafísica.** Conecta con creencias espirituales. Busca a través del movimiento corporal la liberación anímica. Entre otras está el Zen, Yoga y algunas artes marciales de alto componente espiritual.
- **Teatro.** Formación del actor, técnicas acrobáticas o circenses, el mimo.
- **Danza.** Formación para el bailarín.
- **Educación.** Enseñanza de aprendizajes, siendo, según Florencia Verde Street, Profesora de expresión corporal y danza, *"el medio de expresar sensaciones, sentimientos, emociones y pensamientos a través del cuerpo, convirtiéndose así en su propio instrumento, el elemento a través del cual se comunica". (4)*

El comienzo para llevar a cabo el trabajo de la expresión corporal puede ser desde la niñez, aunque entre los nueve y once años existe una mayor predisposición y agrado a las actividades o *"a las propuestas de danza y de la expresión"*. Sin embargo llegado el período de la pubertad en los chicos y chicas, nos encontramos con un *"bombardeo de nueva informaciones, referidas a la imagen del propio cuerpo y a la de los* demás", es este período en el que aparecen las vergüenzas y los prejuicios, *"lo cual genera incertidumbre e inseguridad ante la necesidad de consolidar unos determinados modelos de –llevar el cuerpo- para comunicarnos con los demás" (2).*

(3) Expresión Corporal. Propuestas para la acción. Mar Montávez Martín y María Jesús Zea Montero. ISBN 84-605-8015-6. 1998 (Página 51)
(4) Artículo –Movimiento, Creatividad, Expresión y Juego. La forma más antigua que tiene el ser humano de comunicarse- Florencia Verde Street. Revista Gymnos, número 4, junio 1999 (Página 23)
(2) Expresión Corporal y Danza. Marta Castañer Balcells. Editorial INDE. 2000 (Página 11)

Para Marta Castañer, la pretensión de la expresión corporal es:

- *Experimentar la idea del cuerpo global.*
- *Descubrir las posibilidades de conocimiento de los segmentos del cuerpo.*
- *Reconocer las simetrías y las asimetrías de las diversas zonas corporales.*
- *Experimentar los distintos niveles de percepción corporal.*
- *Reconocer las posibilidades de movimiento de cada segmento desde diversos puntos articulares.(2)*

(2) Expresión Corporal y Danza. Marta Castañer Balcells. Editorial INDE. 2000 (Página 13)

1.5 CLASIFICACIÓN:

Intentando establecer una posible clasificación de actividades enmarcadas, todas ellas, en la Expresión Corporal y dentro del área de Educación Física, podríamos establecerla de la manera siguiente:

- **Actividades de motivación**. Destacando dos áreas, la de educación plástica y educación artística. Dentro de la primera integraríamos la música y la expresión corporal.
- **Conocimiento corporal**. En la que distinguimos:
  - o Juego dramático. Dramatización y representaciones teatrales.
  - o Técnica del gesto. El mimo
  - o Conciencia corporal. Conocimiento del cuerpo, desarrollo de la concentración, de la relajación, de la respiración, así como otras técnicas como el Yoga, masaje, etc.
- **Actividades rítmicas de expresión**.
  - o Aeróbic
  - o Gimnasia-jazz
  - o Bailes de salón
  - o Etc.
- **Actividades de socialización**
  - o La animación.
  - o Técnicas de improvisación.
  - o Dinámicas de grupo.

1.6 PILARES BÁSICOS DE LA EXPRESIÓN CORPORAL:

Para Florencia Verde Street, profesora de expresión corporal y danza, los pilares básicos o ejes temáticos de la expresión corporal, como ella los denomina, los clasifica de la siguiente forma *(5)*

- *Esquema corporal: sensibilización y control corporal.*
- *Ritmo y musicalidad.*
- *Espacio.*
- *Calidades de movimiento.*
- *Trabajo con elementos.*

- *Composición.*

Para Laban existen una serie de principios de trabajo en el desarrollo de su técnica de danza educativa moderna, aquí destacamos las bases esenciales de su sistema:

- *El espacio*
- *El tiempo*
- *La energía*
- *Las combinaciones de los elementos y las acciones de base: las calidades del movimiento (27)*

Para el trabajo del **ESQUEMA CORPORAL**, partimos de varias cuestiones dentro de lo que es el -*trabajo del cuerpo y el movimiento como elementos de expresión, comunicación y creación"*, a saber:

¿Qué se mueve? EL CUERPO

¿Dónde? EN EL ESPACIO

¿Cuándo? EN EL TIEMPO

¿Cómo? Con mayor o menor INTENSIDAD O ENERGÍA (27)

(5) Artículo "Movimiento, Creatividad, Expresión y Juego. La forma más antigua que tiene el ser humano de comunicarse". Florencia Verde Street. Revista Gymnos. Núm 4, junio 1999(páginas 23-24)

(27) Expresión Corporal en clase de Educación Física. María Pilar Cachadita Casco, Juan José Rodríguez Terrón y Kiki Ruano Arriagada. Editorial Wanceulen. 2006 (Página 121, 122, 123,124, 20)

Así como, *"de la observación del sentimiento y el concepto que la persona tiene de sí misma y de su cuerpo"*, para que a continuación se proceda con:

- *"La movilización del cuerpo, a través de la sensibilización de músculos, articulaciones, etc.., con ejercicios lentos y con consignas que guíen al alumnado, pero dejando libertad para la búsqueda del movimiento."*
- *"La investigación con el grupo, de las distintas formas que toma cada parte del cuerpo. Recorrer parte por parte todo nuestro cuerpo, esto nos da la oportunidad de integrar formas nuevas, viendo a otros compañeros-as, nos enriquecemos mutuamente."*
- *"Los ejercicios de coordinación y disociación aportan dominio corporal necesario para disponer de él a la hora de jugar, crear, improvisar."*
- *"La relajación, cuyo aprendizaje no se da en nuestra cultura, nos da equilibrio emocional, al cual podemos volver cada vez que lo necesitemos, conociendo los pasos necesarios a seguir cada vez que lo necesitemos." (5)*

El **RITMO** es, según Juan José Rodríguez Terrón, *"el elemento motor de la música. La estructura rítmica organiza todos los aspectos referentes a las duraciones temporales de los sonidos, sin embargo, su campo de acción abarca todo el acontecer musical". (27)*

Para trabajar con el **RITMO Y LA MUSICALIDAD**, Florencia Verde, propone: *(5)*

- *"Comenzar por observar el ritmo cardíaco y el de nuestra respiración.*
- *"Escuchar y reconocer ritmos, para luego llevarlos a lo corporal. Comenzar con palmas de las manos, distintas series de golpes que nuestros alumnos deben reproducir, insistiendo hasta que los ritmos sean literales a los originales. Se van complicando las combinaciones, y acelerando los tiempos, hasta lograr una cierta seguridad en los ritmos."*
- *"La música será importante en este trabajo ya que servirá de estímulo y de apoyo en todo aquello que hagamos. Podremos elevar la calidad de un ejercicio con una buena elección, o en caso contrario dificultarlo o fracasar con ello. Poner distintas músicas, ayuda a la asimilación de la estructura musical y el conocimiento de los temas sobre los cuales luego realizaremos las improvisaciones y los juegos."*
- *"En cuanto a los instrumentos, podemos utilizar los simples de percusión, pandereta, pandero, latas rellenas de semillas, maracas, conchas marinas para golpear, botellas de cristal con distintas cantidades de líquido, bongoes."*
- *"La voz los distintos sonidos que podemos emitir con la boca son interesantes desde el punto de vista motriz y de la riqueza de recursos, así como la posibilidad de expresión que estos pueden proporcionar."*

El **ESPACIO** y **TIEMPO** no se pueden separar *"pues son dos facetas de una misma realidad" (27).* *"su separación tiene un carácter analítico y pedagógico, es decir, por un lado para poder efectuar su análisis, y por otro para poder facilitar las diferentes vivencias diferenciándolas, ya que después deberán integrarse en la globalidad" (Riveriro y Schinca, 1992:43)*

Laban dota al movimiento de *"duración, velocidad y ritmo. La combinación de estos tres factores contribuye a la riqueza de la expresión". (27)*

Florencia Verde, divide el espacio en tres categorías:

- *"**Espacio interno**. El que creamos con el movimiento entre las articulaciones, huesos y músculos, al estirarnos. Lo consideramos* como el espacio que sentimos en el cuerpo que habitamos, dentro de él."

■ **"Espacio Parcial**. El que nos rodea y al que podemos acceder estando fijos en un sitio. Sus límites y direcciones que podemos utilizar para ampliar posibilidades y enriquecer nuestro trabajo" quedan reflejados en la siguiente imagen.

■ **"Espacio total**. Con el que contamos en la sala de trabajo y en el que interaccionamos con los demás. Dentro de las infinitas posibilidades de distribución detallamos:"

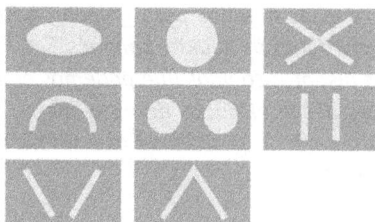

(27) Expresión Corporal en clase de Educación Física. María Pilar Cachadita Casco, Juan José Rodríguez Terrón y Kiki Ruano Arriagada. Editorial Wanceulen. 2006 (Página 97)
(5) Artículo "Movimiento, Creatividad, Expresión y Juego. La forma más antigua que tiene el ser humano de comunicarse". Florencia Verde Street. Revista Gymnos. Núm 4, junio 1999(páginas 24-25)

■ La utilización de distintas trayectorias y figuras, en un trabajo de expresión o en danza, enriquecen la visión del mismo.......
■ Dentro del espacio tenemos tres niveles:
   o **Bajo**. El que ocupamos cuando estamos en el suelo, acostados o sentados.

- o **Medio.** En él estamos de rodillas o con las piernas flexionadas de pie, y todos los movimientos que ejecutamos a estas alturas.
- o **Alto.** Aquí ya estamos de pie estirados o dando saltos, es la máxima altura a la que podemos llegar sin utilizar elementos externos de apoyo.

(27) Expresión Corporal en clase de Educación Física. María Pilar Cachadita Casco, Juan José Rodríguez Terrón y Kiki Ruano Arriagada. Editorial Wanceulen. 2006 (Página 111)

CALIDADES DEL MOVIMIENTO. Son *"el resultado de un sentimiento o pensamiento de quien lo realiza, y en la expresión de los mismos es donde aparece la calidad de movimiento."* Esas calidades de movimientos, *"son las que dan el carácter expresivo y comunicativo a esta técnica"* con lo que conseguimos *"descifrar y comprender los distintos mensajes que aparecen."(5)*

Esas calidades, Florencia Verde, las clasifica de la siguiente forma:

- ■ **Cortado-Ligado.**
    - o **Cortado:** *es el movimiento segmentado, cada movimiento tiene un comienzo y un final bien marcado, no se une con otro.*
    - o **Ligado:** *aquel en el que un movimiento se enlaza con otro sin interrupciones, en ningún momento hay cortes, es como si siguiéramos un sonido continuo.*

- **Mínimo-Máximo.**
  - **Mínimo:** son movimientos pequeñitos en su trayectoria. Los podemos realizar con todo el cuerpo o con partes segmentadas.
  - **Máximo:** el cuerpo se expresa con toda su magnitud, con los movimientos más grandes de que seamos capaces, abarcando el espacio.
- **Lento-Rápido.**
  - **Lento:** se hace claramente visible, ya sea acompañando o en contraposición de la música, según se desee.
  - **Rápido:** se caracteriza por la gran velocidad a la que se desarrolla. Se necesita mucha destreza y es muy intenso visualmente.
- **Pesado-Liviano.**
  - **Pesado:** tiene que ser muy clara aquí la sensación de peso que se da, por un lado con la densidad del movimiento y por otro con el gesto.
  - **Liviano:** como si nuestros huesos estuvieran rellenos de aire, con la sensación de flotar y de que es muy fácil moverse.
- **Rebote-Péndulo.**
  - **Rebote:** como una pelota que pica constantemente, cada parte de nuestro cuerpo puede rebotar o el rebote puede ser total.

  - **Péndulo:** a diferencia del rebote, el péndulo, tiene dos puntos de suspensión y uno de caída, como en el caso de un columpio.

Para María del Pilar Cachadita Casco comenta que los elementos fundamentales que se dan en la expresión *"cuerpo, espacio y tiempo, confluyen e interactúan manifestándose en el movimiento. Pero este movimiento está mediatizado por la interacción de la intensidad"* (27).

(5) Artículo "Movimiento, Creatividad, Expresión y Juego. La forma más antigua que tiene el ser humano de comunicarse". Florencia Verde Street. Revista Gymnos. Número 4, junio 1999(p. 25-26)

(27) Expresión Corporal en clase de Educación Física. María Pilar Cachadita Casco, Juan José Rodríguez Terrón y Kiki Ruano Arriagada. Editorial Wanceulen. 2006 (Página 111)

EL TRABAJO CON ELEMENTOS.

- *"Muy útil para comenzar a trabajar la comunicación corporal a través de un elemento"*, ya que nos encontramos con *"menos carga emocional y moviliza menos resistencias que al trabajar directamente con otra persona"* o alumnado. Con un objeto *"es más fácil comenzar a improvisar, y poner en juego nuestra creatividad"*

(5) Artículo "Movimiento, Creatividad, Expresión y Juego. La forma más antigua que tiene el ser humano de comunicarse". Florencia Verde Street. Revista Gymnos. Número 4, junio 1999(p. 26-27)

COMPOSICIÓN. Es el arte de unir distintas variedades de técnicas o *"el resultado de combinar los elementos antes mencionados: movimiento, ritmo, espacio y calidad de movimiento."*

Aquí establece una serie de puntualizaciones interesantes a tener en cuenta, como son:

- La utilización de objetos *"como estímulo o como objetivo del trabajo."*
- La investigación por parte del alumnado. Dando comienzo a lo que denomina *"la improvisación partiendo de la existencia del objeto y con las posibilidades que este aporta."*

■ Los tres peldaños en el trabajo de la expresión corporal, a tener en cuenta *"un comienzo, un nudo y un desenlace."*

Si atendemos a tantas y tantas citas respecto al juego, no acabaríamos este libro, pero atendiendo a algunas podemos afirmar que *"el juego es un estímulo fundamental en el desarrollo del niño-a, no sólo en su aspecto motor, sino también en aquellos que le conducen a una maduración integral"* (4), siendo *"los juegos,...., llevada a cabo desde pequeños, proporcionan vitalidad, en su más amplia expresión"* (5). El juego es el mayor catalizador de atención y motivación para pequeños y mayores, por tanto la forma metodológica de presentación de los contenidos que se dan en Educación Física y por consiguiente en Expresión Corporal, a nivel de primaria, así lo entiendo yo, se deberían hacer a través del juego o de formas jugadas. A continuación se presentan distintas formas con las que nos podemos encontrar a la hora de estructurar la selección y desarrollo de los contenidos de las clases de Expresión Corporal.

■ Juegos, canciones infantiles y poesías.
■ Técnicas gestuales, como el mimo o el clown.
■ Mil formas de reír, bostezar, caminar,....
■ Mil formas de representar un muñeco, un niño,... (recordar que lo importante es el adjetivo como se presenta, el matiz (llorando, riendo,....)
■ Podemos utilizar cantidad de objetos y materiales para utilizar, transformar, inventar,...
■ Tenemos los bailes de salón, bailes populares y danzas del mundo para trabajar con ritmo y música.
■ Trabajar fuera de la realidad, escoger lo fantástico, sorprendente, divertido,...
■ La publicidad, televisión, cine, teatro, etc... nos puede ayudar, sin caer en la imitación.
■ No olvidar la voz (el grito, la palabra, la onomatopeya), nos ayuda a arropar el movimiento.

(6) Juegos y Educación Física. Cristina González Millán. Editorial Alambra. 1987(página 7)
(7) Manual Práctico y de consulta para estar en forma. Pedro Rojas Pedregosa. I.S.B.N.84-611-1844-6. 2006 (página 196)

1.7 PRINCIPALES MANIFESTACIONES DE LA EXPRESIÓN CORPORAL

ACTIVIDADES	**TEATRO**	Comedia, Drama, Juego Dramático.
DRAMÁTICAS	**MIMO**	Individual o en grupo
	PARODIA	Sketch de televisión
ACTIVIDADES MUSICALES	**CANCIÓN**	Juego, play-back, coro
	BAILE/DANZA	Popular, Moderno, Clásico
	COREOGRAFÍA	Imitación, Montaje
OTRAS MANIFESTACIONES	**COMEDIAS MUSICALES**	
	MIMO CON MÚSICA	

No hay que olvidar la improvisación. *"Método de trabajo cuya finalidad es conducir al alumnado desde la expresión a la creación"*. Esta técnica se basa en la *"investigación que se fundamenta en la espontaneidad y el ingenio propios del alumnado". (8)*

(8) Créditos Variables de Educación Física. Bloque de Expresión Corporal Volumen II. Anna Canalda Llobet y Rosa Cases Caminal. Editorial Paidotribo. 2000. (página 153).

1.8 CRITERIOS DE EVALUACIÓN:

Este apartado es sin duda el más complejo, pero ¿Qué es la Evaluación? Todos tenemos nuestra idea pero siguiendo a varios autores encontramos:

"La evaluación es un proceso de conocimiento, medición y valoración de un programa que tiene como fin mejorar o modificar los procesos." (9)

"El control es una actuación realizada durante el proceso, mediante la cual se mide y comprueba el desarrollo de los acontecimientos y los resultados obtenidos en un nivel o en una etapa de la planificación, en comparación con las esperanzas, aplicándose, en caso necesario, las correcciones oportunas." (10)

Pero, ¿cómo podemos decidir o evaluar si el alumnado se expresa corporalmente con mayor o menor fluidez?, o ¿cuándo valoro el desarrollo de la expresión corporal individual?, ¿qué elementos son los que nos ayudan a evaluar lo que pretendemos?....

Para algunos autores la evaluación de nuestra programación es ya difícil debido a que *"Si los criterios con los que normalmente evaluamos la programación de Educación Física (deportes, destrezas motrices básicas, etc.) nos resultan difíciles, más o igual nos va a resultar evaluar la expresión corporal desde las tres fases: inicial, formativa y Sumativa, pero por ello no debemos de considerarla no evaluable." (8)*

Estas mismas autoras establecen una serie de puntos para que entendamos o veamos como se produce ese avance en el proceso de formación educativo del alumnado hacia la actividad que estamos evaluando, estableciendo lo siguiente:

- *Ser objetivos al máximo*
- *Realizar la observación a partir de acciones, no de sensaciones, sentimientos....*
- *Observar en primera instancia los elementos más simples y evidentes.*
- *Hacer preguntas cerradas, que no sean susceptibles de interpretaciones distintas.*
- *Formular preguntas concisas y claras.*
- *Buscar la simplicidad en la forma de realizar las anotaciones.*
- *Establecer hojas de seguimiento para cada alumno o alumna*

(9) El desarrollo de procesos acción socioeducativa desde la perspectiva de la Animación Sociocultural. María del Mar Herrera Menchén. Universidad de Sevilla. 1998. (Página 237)
(10) Planificación Deportiva. Teoría y Práctica. Juan A. Mestre Sancho. Editorial Inde. 1995. (página209)
(8) Créditos Variables de Educación Física. Bloque de Expresión Corporal. Volumen II. Anna Canalda Llobet y Rosa Cases Caminal. Editorial Paidotribo. 2000. (página 19)

Hay que recordar a los lectores de este libro, que las propuestas que se marcan en este libro no son las únicas que se pueden llevar a cabo.

A continuación se darán una pautas generales atendiendo a tres tipos de evaluación, pero antes, es importante recordar la gran predisposición, entusiasmo y energía que hay que llevar y que transmitir al alumnado en cada clase de Expresión Corporal, dar confianza para que se manifieste lo que queremos expresar y que expresen en clase, favoreciendo un clima de gran complicidad entre el alumnado y por su puesto entre educando y educado. De esta manera, entiendo, la observación del maestro a las respuestas motrices del alumnado podrán ser más objetivas de cara a su evaluación.

Seguidamente se expone una forma de evaluación, no la única, atendiendo a una serie de cuestionarios para el alumnado de 12-13 años, aunque igualmente podemos establecernos otra para primaria. La evaluación será inicial, formativa y sumativa. Indicar que este ejemplo es puramente orientativo, existen muchas formas de llevar la evaluación en clase.

MODELO DE EVALUACIÓN INICIAL

Nombre_____ Fecha de nacimiento: _____

Curso _____ Grupo _____ Fecha _____

1. ¿Conocías a algunos de tus compañeros antes de iniciar este primer curso?
   No   Si

2. ¿Dónde los conociste?
   Escuela   Club o Asociación   Otros

3. ¿Cuántos años lleváis juntos?
   Uno   Dos o tres   Más de tres

4. ¿Te sientes molesto cuando un compañero o compañera se acerca demasiado?
   No   Si

5. ¿Te gusta trabajar en grupo?
   No   Si

6. ¿Te gusta trabajar solo?
   No   Si

7. ¿Prefieres trabajar con chicos, con chicas o te resulta indiferente?
   Con chicos   Con chicas   Es indiferente

8. ¿Te sientes cómodo en clase de Educación Física?
   No   Si

9. ¿Crees que eres bueno practicando deporte?
   No   Si

10. ¿Qué deporte te gusta más?
   _____

11. ¿Consideras que el baile es una actividad física o una actividad de ocio?
   Es una actividad lúdica   Es una actividad de ocio

12. ¿Te gusta bailar?
   No   Si

13. ¿Te sientes a gusto bailando?

Créditos Variables de Educación Física. Bloque de Expresión Corporal Volumen II. Anna Canalda Llobet y Rosa Cases Caminal. Editorial Paidotribo. 2000. (página 21).

Evaluación formativa:

MODELO DE HOJA DE REGISTRO PARA LA EVALUACIÓN **FORMATIVA**

Crédito variable: **INICIACIÓN A LA EXPRESIÓN CORPORAL**

UD.. CURSO..............

Nombre: _____ Fecha: _____

PROCEDIMIENTOS	SI	NO	A VECES
1. Se mueve o explica movimientos para mejorar la ejecución			
2. Realiza las actividades propuestas de forma correcta			
3. Realiza movimientos que requieren mucho espacio			
4. Se sitúa en el centro del espacio o como foco de atención			
5. Se mueve de forma libre y espontánea			
6. Utiliza los segmentos corporales adecuados y de forma correcta			
7. Utiliza el material de forma adecuada a la propuesta			
8. Aprovecha sus defectos/virtudes a favor de la actividad propuesta			
9. Participa en el trabajo de grupo			
10. Se inhibe del trabajo de grupo			
11. Se muestra cooperante en las actividades en que existe contacto corporal			
12. Es capaz de concentrarse para realizar tareas de observación			
13. Ejecuta los movimientos propios de los diferentes segmentos corporales			
14. Realiza imitaciones de objetos, animales,... fácilmente			
15. Utiliza los diferentes planos y alturas del espacio			
16. Es capaz de diferenciar tensión y distensión muscular			
17. Presenta dificultades en el seguimiento de ritmos			
18. Realiza improvisaciones de forma fluida			
19. Se muestra confiado en sus posibilidades motrices			
20. Confía en las ayudas que puedan proporcionarle sus compañeros			
ACTITUDES, VALORES Y NORMAS	**SI**	**NO**	**A VECES**
1. Expresa su opinión dentro del grupo			
2. Expresa su opinión delante de todo el grupo			
3. Espera que sean los demás los que determinen la acción a realizar			
4. Se relaciona con todos los miembros del grupo			
5. Se relaciona con algunos miembros del grupo			
6. Respeta las opiniones de los demás			
7. Hace prevalecer su opinión razonada por encima de las restantes			
8. Escucha las explicaciones del profesor			
9. Asiste a las sesiones con puntualidad, regularidad.....			
10. Aporta material cuando es necesario			
11. Se muestra activo y participa en las actividades propuestas			

Créditos Variables de Educación Física. Bloque de Expresión Corporal Volumen II. Anna Canalda Llobet y Rosa Cases Caminal. Editorial Paidotribo. 2000. (página 23).

Evaluación Sumativa:

HOJA DE REGISTRO PARA LA EVALUACIÓN SUMATIVA

Crédito variable: INICIACIÓN A LA EXPRESIÓN CORPORAL	Curso:

Nombre:	

1. OBSERVACIONES (hojas de registro)

Procedimientos:

Fecha					
Puntuación					
Sesión					

Actitudes, valores y normas

Fecha					
Puntuación					
Sesión					

2.EVALUACIÓN DE LOS DIFERENTES TEMAS

	Conceptos	Procedimientos Profesor	Procedimientos Autoevaluación	Actitudes Profesor	Actitudes Autoevaluación
UD I					
UD II					
UD III					
TOTAL					

3. CALIFICACIÓN FINAL DEL CRÉDITO

Conceptos (20%)	Procedimientos	Actitud	Global

Créditos Variables de Educación Física. Bloque de Expresión Corporal Volumen II. Anna Canalda Llobet y Rosa Cases Caminal. Editorial Paidotribo. 2000. (página 24).

Y para terminar, se incluyen otros modelos de evaluación, como la conceptual, procedimental y actitudinal.

MODELO DE EVALUACIÓN CONCEPTUAL

1. **Relaciona cada segmento corporal con la palabra que mejor crees que lo caracteriza (valor: 1 punto)**

Torso	personalidad
Cabeza/cara	centro de gravedad
Pies/piernas	posesión
Manos/brazos	desplazamiento
Torso	centro de sensaciones auditivas /visuales

2. **Piensa en los movimientos que puede realizar cada una de las articulaciones que se indican y responde con un "Sí" o un "No" en función de la posibilidad de llevar a cabo o no el movimiento indicado (Valor: 2 puntos)**

	Circunducción	Flexión dorsal	Flexión ventral	Rotación interna/externa	Abducción	Aducción
Cabeza						
Hombro						
Codo						
Muñeca						
Cintura						
Cadera						
Rodilla						
Tobillo						
Dedos						

3. **Define relajación; piensa primero en los conceptos de tensión y distensión. Cita algún ejercicio (nombre o explicación del mismo) en que se haya trabajado (Valor: 1 punto)**

Créditos Variables de Educación Física. Bloque de Expresión Corporal Volumen II. Anna Canalda Llobet y Rosa Cases Caminal. Editorial Paidotribo. 2000. (página 109-111).

4. Cómo representarías los siguientes animales. (Valor: 1 punto)

	Elefante	Ratón	Serpiente	Pájaro	Perro
Tipo de desplazamiento					
Forma del desplazamiento					
Segmentos movilizados					

5. Cuando el profesor pide un movimiento fluido, ¿qué crees que quiere decir? (Valor: 1 punto)

Un movimiento realizado a gran velocidad de forma explosiva

Un movimiento realizado de forma lenta y con interrupciones

Un movimiento realizado de forma continuada y sin interrupciones

Un movimiento realizado a gran velocidad y con interrupciones

6. Cita diferentes formas de desplazamiento realizadas a lo largo de la unidad didáctica y especifica los segmentos dominantes para su ejecución (Valor: 1 punto).

Créditos Variables de Educación Física. Bloque de Expresión Corporal Volumen II. Anna Canalda Llobet y Rosa Cases Caminal. Editorial Paidotribo. 2000. (página 109-111).

MODELO DE EVALUACIÓN ACTITUDINAL

1. *¿Has respetado las opiniones de tus compañeros y compañeras?*

SI   NO   A VECES

2. *¿Te has sentido cómodo en todas las actividades propuestas?*

Movilización de segmentos	*SI*	*NO*	*A VECES*
Trabajo de tensión y distensión	*SI*	*NO*	*A VECES*
Equilibrios individuales	*SI*	*NO*	*A VECES*
Equilibrios en parejas o grupos	*SI*	*NO*	*A VECES*
Imitaciones/representaciones	*SI*	*NO*	*A VECES*

3. *¿Cómo calificarías tu participación en clase?*

Activa (participabas con ganas)

Pasiva (intentabas esconderte entre los compañer@s para no realizar las tareas)

Indiferente (participabas por obligación, pero sin ganas)

Molesta (no hacías la tarea encomendada y molestabas a los restantes compañer@s)

4. *El trabajo realizado te ha permitido (pon un número según su importancia; el primero será para lo que creas más importante y el último para lo que consideres menos importante):*

- *Conocer mejor a los compañeros y compañeras*
- *Relacionarme con todos los compañeros y compañeras*
- *Relacionarme con algunos compañeros y compañeras*
- *Establecer relaciones de confianza entre todos-as*
- *Saber que puedo comunicarme y dar mi opinión ante los compañeros y compañeras*
- *Conocer mejor mis posibilidades de relación con los compañeros y compañeras*
- *Moverme de forma más libre espontánea*
- *Respetar a los compañeros-as tanto al moverse como al hablar*
- *Divertirme mientras realizaba actividades físicas para la desinhibición*
- *Aceptar el contacto con los restantes compañeros del grupo*
- *Buscar respuestas a una actividad de forma conjunta con el grupo*
- *Saber qué compañeros de clase se expresan mejor sin hablar*
- *Conocer otras formas de comunicarme con los compañeros-as sin hablar*
- *Experimentar diferentes formas de realizar equilibrios*

Créditos Variables de Educación Física. Bloque de Expresión Corporal Volumen II. Anna Canalda Llobet y Rosa Cases Caminal. Editorial Paidotribo. 2000. (página 111-112).

2. TÉCNICAS PRÁCTICAS DE EXPRESIÓN CORPORAL EN PRIMARIA Y SECUNDARIA

2.1 EL TEATRO

La pretensión principal de esta expresión artística es la comunicación y la representación, o como otros dicen y dicen bien *"comunicar y reproducir situaciones después de repetirlas, ensayarlas, procurando obtener finalmente un espectáculo efectivo y, en la medida de lo posible, artístico y bello". (12)*

El taller de teatro, podemos considerarlo como un lugar donde vamos a: explorar y profundizar en nuestras capacidades físicas e intelectuales, tomar conciencia de nosotros mismos, aprender a soltarnos y a liberarnos de las tensiones y bloqueos emocionales, superar la timidez y el miedo al ridículo, salir de todo lo previsible y convencional, desarrollar nuestra imaginación, creatividad y expresión.

El teatro es, según algunos, *"un arte total"*, *(13)* ya que lo integran cuatro elementos importantísimos, a saber: la expresión lingüística, la expresión corporal, la expresión plástica y la expresión rítmico-musical.

(12) Didáctica de la Expresión Dramática. Una aproximación a la dinámica teatral en el aula. José Cañas. Editorial Octaedro S.L. 1994 (página 51)
(13) Cuatro Estaciones. Teatro para niños. José González Torices. Editorial S.M.1998 (página 8)

2.1.1 EJERCICIOS PRÁCTICOS Y ORIENTATIVOS

1- PRESENTACIONES

i. **Me presento haciendo algo.** Todos sentados y de uno en uno, vamos saliendo, en frente de los compañeros y compañeras diciendo "Me llamo –fulanito- y doy un salto", por ejemplo.

ii. **Salida como los jugadores de baloncesto.** De uno en uno vamos entrando en el gimnasio o aula, digo mi nombre y salgo, el siguiente hace lo mismo y choca su mano contra la del compañero y compañera y yo le digo mi nombre, y así sucesivamente.

iii. **Nos presentamos con un objeto.** Damos unos minutos para que examinen el gimnasio o el aula y que para que busquen algo con lo que se puedan presentar. Se presentarán al grupo diciendo "me llamo –zutanito- y me presento con una cuerda", por ejemplo. Como variante y ante los más tímidos-as, se puede realizar en grupos.

2- IMPROVISACIONES

i. **Encuentros.** Por parejas, salir e inventarse algún texto corto, previamente preparado, entre los dos. El resto de compañeros-as observan, por ejemplo

    1. ¿Has visto?
    2. No ¿Qué cosa?
    1. Ahora, de nuevo
    2. Cierto, como la luz
    1. Hay que escapar
    2. No, hay que quedarse

ii. **El Diálogo.** Por parejas improvisamos un diálogo, sin previa preparación, estando en situaciones reales. Por ejemplo, charla en una peluquería entre el peluquero y el cliente, un encuentro por la calle, etc.

iii. **Dirigirse al Público.** Hablar delante de los compañeros-as, de manera individual, para convencerlos de algo. Como alternativa, se puede valorar por los compañeros-as quién convence mejor. Por ejemplo.

    1. Venderles un producto
    2. Elección como Alcalde

3. etc.

iv. **Los Opuestos.** Imaginemos que dos alumnos-as se encuentran en una celda de una prisión. Uno de ellos se encuentra a gusto y no quiere escapar, el otro todo lo contrario. Deben improvisar una charla en la que uno intenta convencer al otro de que hay que huir, escaparse.

v. **Doctor Jeckill y Mr. Hyde.** De manera individual y con dos sillas, el alumno irá cambiando de asiento e irá adoptando una doble personalidad. En una silla será una persona tranquilla, en la otra un ser muy nervioso. En una será un hombre cuerdo en la otra un loco, y así sucesivamente, cambiará de silla de manera personal y según su criterio.

vi. **El ciego y su lazarillo.** Por parejas salen y se reparten los papeles. El que hace la función de ciego se dejará llevar por su lazarillo, mediante algún silbido, sonido, etc., pasado un rato el lazarillo se despista y se olvida de su señor. Ver como se plantea la situación.

3- JUEGOS GRUPALES

i. **Invocación a los dioses.** Realizamos dos grupos en la clase. Cada grupo realizará un círculo o corro alrededor de una vela encendida. Arrodillados ponen sus miradas en la llama. Entre los dos grupos un compañero se sentará en una silla con unos timbales o tambor.

1. Los alumnos de cada grupo seleccionarán una palabra y la forma de emitirla para invocar a su dios y que le solucione sus problemas. Los pasos a seguir se marcarán por parte del compañero sentado en la silla y con los timbales.

2. Una palmada y se ponen de rodillas.

3. Suenan los timbales y comienzan a invocar con insistencia a su dios, danzando alrededor de la vela y gritando la palabra seleccionada de manera frenética.

4. Paran los timbales y cada grupo vuelve a la posición de partida.

5. Suenan los timbales y vuelven a invocar a su dios con palmadas y con mayor estado de excitación.

6. Paran los timbales y caen exhaustos al suelo.

4- OTRAS ACTIVIDADES

i. Acudir con la clase a una obra de teatro para sus edades, junto al profesorado.
ii. Buscar palabras que entren dentro del vocabulario teatral.
iii. Dibujar un teatro por dentro y descubrir el significado de las siguientes palabras que entran dentro del vocabulario teatral:
   1. Autor
   2. Bastidor
   3. Bambalinas, etc.

2.2 MIMO Y PANTOMIMA

Mimo:

Sus albores se pierden en la historia de los tiempos. Es con griegos y con romanos con los que coge su máximo esplendor, teniendo vigencia hasta bien entrada la Edad Media. Aunque según otros es en el siglo XIX cuando *"se empezó a denominar mimos a los actores que cultivaban este género y a las escenas que representaban, -pantomimas-"(12),* también fue sinónimo de farsante y bufón el actor que representaba este género. Otros engloban en la palabra mimo a los dos términos, como Maurice Chevaly en su libro A la dècouverte d´un art dramatique vivant. Por tanto podríamos decir, según esto, que mimo es aquella acción simple realizada, siendo un espectáculo mudo.

Hoy en día podemos hablar de dos tendencias en el mimo moderno: el **"Mimo Subjetivo"** y el **"Mimo Objetivo"**. En el primero de ellos, el actor expresa de manera corporal y esencialmente los diversos estados de ánimo. Y en el segundo, muestra objetos imaginarios al público con los que realiza sus escenas, estos objetos son realizados con la ayuda de su cuerpo mediante la acción motriz y muscular del mimo o actor, dándoles una sensación real, aunque imaginaria.

La pantomima:

"La pantomima es de las artes más antiguas de la humanidad. Los romanos llamaban –PANTOMIMUM– a los bailarines-actores que – mimaban- una acción sin usar la palabra". (14)

La pantomima antigua fue un arte mudo cargada de gestos exagerados y muy expresivos, sin embargo el mimo actual es, en esencia, un juego, un juego que tiene como aliado el silencio.

"En Gran Bretaña consiste en un espectáculo tradicional de Navidad, consistente en la actualización de un cuento infantil mediante alusiones locales y referencias al momento presente" (1), siendo de carácter burlesco y de cambio de papeles, el hombre representa a la mujer y la mujer al hombre.

(12) Didáctica de la Expresión Dramática. Una aproximación a la dinámica teatral en el aula. José Cañas. Editorial Octaedro S.L. .994 (página 256)
(14) Expresión Corporal. Propuestas para la acción. Mar Montávez Martín y María Jesús Zea Montero. I.S.B.N.84-605-8015-6. 1998 (Página 339)
(1) Abecedario del Teatro. Rafael Portillo y Jesús Casado. Ministerio de Cultura. Instituto Nacional de las Artes Escénicas y de la Música. 1986. (Página 113)

2.2.1 EJERCICIOS PRÁCTICOS Y ORIENTATIVOS

1- **Movimientos Ondulantes y cortantes.** Ponemos música que se adapte a lo que queremos que expresen los alumnos-as y les pedimos que realicen:
   a. El movimiento de un robot al caminar
   b. El movimiento del aire
   c. El movimiento de las olas del mar, etc.

2- **El árbol.** Partiendo desde el suelo en posición fetal, hacemos entender al alumnado que deben simular el nacimiento, crecimiento, florecimiento y muerte del árbol, todo con música suave de fondo.

3- Imitaciones. Le pedimos al alumnado que represente distintas situaciones como por ejemplo:

  a. El estiramiento de un gato

  b. El salto de un jugador de basket a cámara lenta

  c. Desperezarse, después de haber dormido

  d. Acurrucarse por el frío, etc.

4- Las caras. Siguiendo el esquema siguiente adoptaremos frente al espejo los siguientes sentimientos:

CALMA	SONRISA	RISA	TRISTEZA	LLANTO
ENOJO	IRA	TERROR	SUEÑO	INDIFERENCIA
MALDAD	SUSTO	TIMIDEZ	BOSTEZO	CANTO

5- La historia.

  a. Se le pide al alumnado que deben preparar, sin hablar, alguna acción, objeto, película, etc., para que los demás lo adivinen.

  b. Cada alumno o alumna o por grupos deben prepararse una historia en la que sin hablar, expliquen una historia que deben adivinar, o no, sus compañeros o compañeras.

    i. Un día de lluvia en la que paseamos y no llevamos paraguas.

    ii. El pinchazo del coche mientras vamos conduciendo.

    iii. Alguna situación que pueda ocurrir dentro del autobús.

2.3 TÍTERES

2.3.1 DEFINICIÓN: *"Muñecos, fabricados normalmente de tela y madera, entre otros materiales, cuyos miembros son móviles y articulados y que se accionan mediante hilos, varillas o mecanismos especiales simulando hablar, cantar, actuar, danzar, tal y como lo podrán hacer las personas reales." (12).* Según algunos autores afirman que esta palabra *"deriva de la palabra onomatopéyica –titi-, alusiva al sonido que producía el titiritero para imitar la voz de sus muñecos" (1).*

2.3.2 HISTORIA: Desde chinos, egipcios, griegos, romanos,...., hasta nuestros días la utilización del títere ha tenido una gran importancia en cada civilización, incluso en algunas con una marcada mezcla de arte y religión.

Para algunos, el títere es *"el pariente de la máscara, nacido, no para el teatro en sí, sino en un ambiente mágico-religioso". (15)*

El títere ha servido como ayuda para cantar y narrar las historias y leyendas de grandes acontecimientos históricos y heroicos en la Edad Media y en el Renacimiento.

Hoy en día, el títere, sigue contando historias a grandes y pequeños, aunque su expansión y evolución no haya sido tan grande como se hubiese querido. Existen ciudades donde, todos los años, se celebran grandes encuentros de titiriteros como en las ciudades de Munich, Salzburgo, Ginebra, etc.

Hay que decir, igualmente, que existen gran variedad dentro de los títeres, por citar algunos podemos hablar de:

- **Bunraku**, de Japón, títeres que son movidos por tres titiriteros a la vez que se visten de negro y le dan una gran plasticidad de movimientos al títere, siendo la representación mucho más espectacular.
- **Teatro de Sombras**, representación con figuras planas.

(12) Didáctica de la Expresión Dramática. Una aproximación a la dinámica teatral en el aula. José Cañas. Editorial Octaedro S.L. 1994 (página 217)
(1) Abecedario del Teatro. Rafael Portillo y Jesús Casado. Ministerio de Cultura. Instituto Nacional de las Artes Escénicas y de la Música. 1986. (Página 154)
(15) Los Títeres en la Escuela. Inés Hernández Sagrado. Editorial Amarú. 1995(página 13)

2.3.3 EJERCICIOS PRÁCTICOS Y ORIENTATIVOS

1- Creación de Títeres. Como trabajo de clase, se le puede pedir al alumnado que traigan de sus casas, algunos materiales básicos, con los que construir un títere, un calcetín, un guante, etc.

2- Representación manual con los compañeros-as. Junto a sus compañeros y compañeras pueden ir manipulando el títere e ir preparando su papel en la obra.

3- Representación en el teatrillo. Por grupos han podido preparar algún teatrillo, de los muchos que hay, y representarlo delante de sus compañeros y compañeras, aunque también está las fiestas del colegio para hacerlo.

4- Otras Actividades. Acudir junto el profesorado o invitar al centro a algún grupo de titiriteros que lleven a cabo una obra y así el alumnado se haga una composición de lugar de lo que son los títeres y cómo se puede llevar a cabo una obra. Después de la actuación pueden hablar con los se dedican a esto y aclarar sus dudas.

5- Adaptación de obras o cuentos populares.

> a. El Soldadito de Plomo
> b. Caperucita Roja
> c. Etc.

2.4 MÁSCARAS

2.4.1 HISTORIA DE LAS MÁSCARAS Y CARETAS

Estos son dos términos muy similares, se dice que máscara es sinónimo de careta y que *"constituye uno de los atributos principales del arte escénico"* (1).

La Careta, es exclusivamente para cubrir el rostro, para disimular los rasgos de la cara. Su origen se pierde en el tiempo y en la más remota antigüedad.

La Máscara, que puede cubrir todo el cuerpo. Y surge *"a la par que el teatro, como manifestación paralela al nacimiento de todas las culturas y relacionada, estrecha y esencialmente, a los ritos religiosos de los pueblos"* (12).

El ser humano ha utilizado máscaras cuyos materiales han sido diversos y han variado a través de los tiempos, confeccionándose con elementos como la madera, la paja, la corteza, las hojas de maíz, la tela, la piel, los cráneos de animales, el cartón piedra, el papel maché, el látex, los plásticos y otros materiales. Desde usarse como uso para perpetuar a los muertos, egipcios, fenicios, romanos, pasando en la Edad Media a servir como protección de los caballeros en sus luchas, agregándoles muecas faciales para demostrar el carácter de quien las portaba. Según las diferentes culturas, estos símbolos han ido variando en sus formas, tamaños, decoración, etc. También muchos pueblos primitivos las han usado para realizar sus rituales, representando a seres, dioses y demonios, algunos para asegurarse el éxito en la caza o para ahuyentar pestes y enfermedades, entre otras cosas.

Hoy en día se ha popularizado tanto que se utiliza en carnaval, y en cualquier otro tipo de fiesta como diversión o incluso con fines paganos y/o religiosos como ocurre en la Semana Santa de Priego de Córdoba, o en el tradicional día de las máscaras en Pedro Abad (Córdoba). El trabajo de esta técnica en clase es bueno por que sirve para:

- Iniciación a la dramatización de una manera lúdica.
- Desinhibición personal.

- Descubrimiento del propio cuerpo. Aprender técnicas de relajación.
- Desarrollar la sensibilidad.
- Potenciar la creatividad.
- Desarrollar la observación y la percepción.
- Desarrollar la concentración y la imaginación.
- Desarrollar la expresión.
- Etc.

(1) Abecedario del Teatro. Rafael Portillo y Jesús Casado. Ministerio de Cultura. Instituto Nacional de las Artes Escénicas y de la Música. 1986. (Página 98)

(12) Didáctica de la Expresión Dramática. Una aproximación a la dinámica teatral en el aula. José Cañas. Editorial Octaedro S.L. 1994 (página 241)

2.4.2 EJERCICIOS PRÁCTICOS Y ORIENTATIVOS

1- **Máscaras faciales delante de espejos.** Adoptaremos distintos sentimientos o estados de ánimo. Pasando la mano por la cara cambiaremos, por ejemplo, a:
   a. Odio
   b. Amor
   c. Tristeza
   d. Alegría
   e. Etc.

2- **Igual anterior,** pero de manera individual o por parejas o por grupos, deberemos adivinar que sentimiento expresa el compañero-a con la cara, solo con gestos de cara, el resto del cuerpo queda quieto.

3- **Elaboración de Máscaras.** Realizaremos distintos tipos de máscaras, papel, cartón, escayola, etc., y después las pintaremos, buscaremos un buen atuendo y nos disfrazaremos, por ejemplo, en carnaval.

4- **Dramatización con máscaras.** Elaborar algún texto en el que los personajes tengan que salir con máscaras que expresen algún sentimiento.

5- **Combinar con otras técnicas.** Se puede realizar algún trabajo con máscaras mediante alguna de las técnicas descritas en este libro, como por ejemplo con el cuentacuentos, en el que el narrador vaya contando un cuento y aparezcan personajes con caretas de animales, personas expresando sentimientos, etc.

2.5 EL TEATRO DE SOMBRAS:

2.5.1 DEFINICIÓN

Se tratan de figuras planas, recortadas, en cartón, cuero, metal o pergamino. Suelen ir provistas de varillas que les permiten ser accionadas para dar así la sensación de movimiento. Estas figuras se colocan entre un foco de luz y una pantalla, foco que se sitúa generalmente a una distancia de 3 a 3,5 m de la citada pantalla, sobre la que se proyectan a fin de que sean contempladas desde el otro lado por el público.

También podemos definirlas como *"Espectáculo que consiste en proyectar la silueta de unas figurillas en movimiento sobre una pantalla. Las figurillas se colocan entre la pantalla y la fuente de luz" (1)*. Es el juego de sombras que podemos hacer con las manos, con cartón u otros materiales, sobre una superficie que sirva como pantalla.

En las sombras chinescas tradicionales el público se coloca delante de la pantalla y los titiriteros se colocan detrás de la pantalla. Las sombras se manejan entre la luz y la pantalla.

2.5.2 HISTORIA

Mucho antes de que fueran inventadas la película cinematográfica y la televisión, se veía el teatro de sombras chinescas en las vastas zonas rurales de China. Desde hace miles de años, el teatro de sombras chinescas atrae a multitudes gracias a su peculiar encanto artístico.

El arte de sombras chinescas data de la dinastía Han, de hace unos dos mil años. Durante la dinastía Son, vivió una etapa de gran prosperidad. Según registros históricos en la capital de la dinastía Son del Norte se veía funciones ofrecidas por pequeños grupos de sombras chinescas en muchas calles y callejones. Después, tras invadir las planicies centrales, las tropas de los Jin expulsaron a varios artistas de sombras chinescas hacia el norte (la actual provincia de Hebei y las tres provincias del noreste). Huyendo del peligro, otros artistas fueron a las provincias de Shaanxi y Gansu. Debido al cambio de la capital, la mayor parte de estos artistas fueron a Lin An (actual ciudad de Hangchou en la provincia de Zechiang). Desde entonces, se formaron tres escuelas de sombras chinescas.

2.5.3 EJERCICIOS PRÁCTICOS Y ORIENTATIVOS

- Enseñar a hacer sombras con las manos. Delante de una luz enseñaremos a elaborar figuras al alumnado. Por ejemplo según el siguiente modelo:

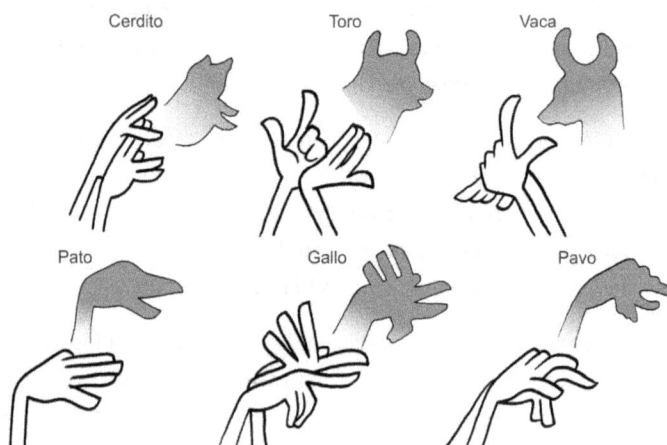

Cerdito Toro Vaca Pato Gallo Pavo

(1) Abecedario del Teatro. Rafael Portillo y Jesús Casado. Ministerio de Cultura. Instituto Nacional de las Artes Escénicas y de la Música. 1986. (Página 138)

- **Igual anterior pero con papel.** Con recortes de cartulina y pegados a un palo, realizaremos la misma operación delante de un foco de luz.

- **Representación popular de cuentos.** Podemos elaborar relatos de cuentos populares mediante figuras con las manos o con figuras de cartulina, o con personajes reales detrás de una sábana y a la cual se le proyecta un foco de luz.

2.6 CUENTACUENTOS

2.6.1 DEFINICIÓN:

Desde todos los tiempos y en todas las culturas y pueblos se han contado cuentos. ¿Pero que son los cuentos?

Para Baquero Goyanes *"el cuento es un preciso género literario que sirve para expresar un tipo especial de emoción, de signo muy semejante a la poética, que encarna en una forma narrativa próxima a la novela, pero diferente a ella en técnica e intención"*.

Antonio Rodríguez Almodóvar define el cuento popular como *"un relato de tradición oral relativamente corto, con un desarrollo argumental de intriga en dos partes o secuencias, por lo común, y perteneciente a un patrimonio colectivo que remite a la cultura indoeuropea"*. También pueden considerarse como narraciones cortas sobre diversos temas y con distintas intenciones. Es ante todo un arte de distracción, la función principal es complacer, después, en todo caso instruir.

2.6.2 HISTORIA

- Posiblemente se encuentre en las primeras culturas neolíticas, que junto a las hogueras contarían las aventuras diarias de las luchas y cacerías, relatos maravillosos que encandilarían al resto del grupo.
- En lo que todos los investigadores están de acuerdo es en que el cuento popular ha pervivido durante miles y miles de años y ha ido pasando de generación en generación y enriqueciéndose con la aportación de miles de narradores anónimos.
- Los cuentos fueron orales y anónimos, pasando de generación en generación, hasta que fueron recopilados y transcritos por diversos autores.
- En la Edad Media existió una preferencia por las narraciones de carácter ejemplar y moralizante, denominadas apólogos.
- En el siglo XIV, el Decamerón de Bocaccio, realista y profano, intentando divertir y admirar. En Inglaterra se encuentra Chaucer con los cuentos de Canterbury. En España, Cervantes. En Francia La Fontaine.
- En el siglo XVII los escritores franceses Perrault y D´Aulnoy ya empezaron a elaborar este material, así como Basile en Italia.

- El Romanticismo se cebó en lo maravilloso, predominando los cuentos fantásticos, de misterio, así como las leyendas y los relatos tradicionales.
- En Alemania, la tradición de los cuentos populares fue recogida a principios del siglo XIX por los hermanos Grimn. En Rusia, fue Afanasiev. En Sicilia Giusseppe Pitre. En noruega Asbjornsen y Moe.
- En España fueron recogidos por los amantes del folklore, como Antonio Machado.
- Después del siglo XIX, aparece el cuento literario, que deja de ser anónimo y el autor transmite vivencias personales, sentimientos, ideas, etc., que tienen que ver con los acontecimientos y la época en la que vive.

2.6.3 EJERCICIOS PRÁCTICOS Y ORIENTATIVOS

SESIÓN PRÁCTICA DE CUENTACUENTOS

- Inicio presentación: trovador, antiguo contador de historias
  - ¿Qué es el cuento?
  - Importancia que tiene
  - Aspectos a tener en cuenta
  - Componente de animación como recurso en el aula
- Cuentos repetitivos, fábulas, etc.
  - Cuentos adecuados para cada edad
  - Tipo de cuentos
- Cuento sin letras
  - Papel importante del cuentacuentos
  - Recursos:
    - Voz
    - Tono
    - Entonación
    - Vocalización
    - Ritmo
    - Movimiento
    - Etc.
- Otros recursos reales para la práctica
  - ¿Qué transmiten los cuentos? Intención. Moraleja...

1- Cuento Popular. De manera individual o por grupos salir delante de los compañeros y compañeras y contar nuestra versión de un cuento popular, que previamente hemos preparado y se había mandado como tarea. El maestro o maestra puede ser el primero en romper el hielo.

2- Cuento y Títeres. Utilizando los recursos de los Títeres, podemos trabajar por grupos. Unos preparan los títeres y representan la obra según la va relatando otro compañero o compañera.

3- Cuento y Pantomima. Igual anterior pero utilizando los recursos del mimo. Uno o una hace el relato, mientras otros salen a expresar con sus cuerpos lo que se va relatando.

4- Juegos para Jugar. Contar un cuento que tenga varios finales y que sea el alumnado quien decida cual es el final, o como variante, dejar el cuento sin terminar para que por grupos propongan un final.

2.7 EL CLOWN.

Es una palabra inglesa "con la que se conoce *internacionalmente al payaso*", pero no a cualquier payaso, sino al que va *"con la cara pintada de blanco, traje de lentejuelas, medias blancas y zapatillas de ballet"* (1). Según Fellini, *"Es la encarnación de la criatura fantástica que asume los aspectos irracionales del hombre.... lo que de rebelde e insolente hay en cada uno de nosotros contra el orden establecido"*.

(1) Abecedario del Teatro. Rafael Portillo y Jesús Casado. Ministerio de Cultura. Instituto Nacional de las Artes Escénicas y de la Música. 1986. (Página 40)

2.7.1 EJERCICIOS PRÁCTICOS Y ORIENTATIVOS

1- Nos colocamos la nariz. Para comenzar, intentaremos perder el miedo al ridículo y comenzaremos colocándonos la nariz de payaso.

2- Nos maquillamos. Por parejas nos pintaremos la cara de blanco, sin dejar atrás la nariz roja.

3- Sesión de chistes. Individualmente saldremos a contar un chiste al resto de compañeros o compañeras, con la cara pintada y la nariz roja.

4- Representaciones. Por grupos o de manera individual, buscaremos situaciones reales y las haremos raras, graciosas y estrambóticas para ser representadas bajo el papel del Clown o payaso. Por ejemplo:

- La dificultad para abrir una silla plegable.
- Intento de dirigir una orquesta.

- Etc.

5- Visualizaciones. Todo el grupo observará actuaciones de payasos que pueden aparecer en colecciones de CDS., para luego poder extraer alguna idea sobre la que trabajar, como por ejemplo:

- Los payasos, fofo, miliki y milikito.
- Cirque du Soleil.

2.8 EL MONÓLOGO.

Rafael Portillo y Jesús Casano lo definen, en su libro Abecedario del Teatro, como el *"Parlamento de cierta extensión que tiene a su cargo un personaje en presencia de otros personajes, sin esperar a éstos una respuesta inmediata. Se trata, por tanto, de un discurso que no provoca intercambio verbal y que es en cierto modo separable de su contexto dramático" (1).*

Los monólogos se popularizaron, sobre todo, en T.V. en el año 2003 aproximadamente o antes, en programas como el Club de la Comedia, en la que personajes famosos del cine y la televisión, se dirigían desde el escenario a un nutrido público que les escuchaba sus comentarios jocosos, de esto se llegaron a publicar monólogos en los periódicos y editar CDS con las representaciones de estos.

Esta técnica es un buen recurso para la desinhibición, romper con la timidez y con el miedo al ridículo, así como para potenciar la memoria y por qué no, para reírse, llorar,...

2.8.1 EJERCICIOS PRÁCTIVOS Y ORIENTATIVOS

En este tipo de ejercicios puede ser interesante al principio proponerles un texto, que se lo aprendan y que luego lo expongan delante de sus compañeros y compañeras de manera natural. Esto que estoy diciendo no es fácil para ellos y ellas, pero si importante para que pierdan el miedo al ridículo y a hablar en público. Otra cosa importante a indicarles es que se expresen con las manos, con el cuerpo, que sean, en una palabra, expresivos.

1- Proponemos un Monólogo. El profesor o profesora extraerá o preparará un monólogo, y lo repartirá a sus alumnos y alumnas para que se lo preparen para próximos días. Lo llevarán a cabo en la fiesta de monólogos preparada en la próxima clase de la semana próxima. Preparar el ambiente, colocar mesas como si de un café se tratara, con sus invitados, la llegada de actores, etc.

2- Proponerles que preparen ellos un Monólogo. Igual que hicimos antes, pero ahora son ellos y ellas los y las que tienen que inventarse ese monólogo. Los temas tan variados como ellos y ellas quieran. La representación será igual que antes, para darle mayor colorido al acto.

2.9 KAMISHIBAI.

Significa –Teatro de papel- , siendo una forma muy popular de contar cuentos en Japón. Los cuentos que se representan versan sobre temas y evocan sentimientos generales acorde con la edad de los niños a los que se dirige.

Sus características son:

- La Expresión Oral y narrativa.
- Los contenidos están referidos a un cuento o a un contenido de aprendizaje.

Para la puesta en práctica de esta técnica, pueden adquirirse en el mercado todos los elementos necesarios para llevarlo a cabo, estos elementos son:

- 1 Teatrillo de madera de un tamaño aproximado DIN A3
- Cuentos, compuestos por láminas a todo color por una cara y texto en la otra.
- 1 Narrador que cuenta el cuento, mientras los niños y las niñas ven las imágenes y escuchan la historia.
- La lectura se realiza colocando la lámina en orden sobre el soporte del teatrillo de cara al auditorio y deslizando las láminas una tras otra mientras se va leyendo el texto.

Esto mismo podemos realizarlo con las nuevas tecnologías, llevando a cabo un trabajo en Power Point, mientras proyectamos las imágenes a través del proyector vamos narrando las escenas.

2.9.1 EJERCICIOS PRÁCTIVOS Y ORIENTATIVOS

1- Adaptación de cuentos populares. Toda la clase decidirá que cuento escogemos, para luego, seguido, organizar el trabajo para que por grupos realicemos láminas a todo color con los distintos pasajes del cuento.

2- Presentaciones en Power Points. Adaptar cuentos populares, o no, mediante diapositivas en el ordenador.

(1) Abecedario del Teatro. Rafael Portillo y Jesús Casado. Ministerio de Cultura. Instituto Nacional de las Artes Escénicas y de la Música. 1986. (Página 103)

2.10 LA ESGRIMA.

Es un deporte de combate individual que se lleva a cabo frente a un oponente utilizando un Florete, Espada o Sable, siendo este combate regulado por una serie de normas. La desaparición progresiva del duelo, hace que el auge de la esgrima aumente, en el último tercio del siglo XIX y principios del XX.

Las características básicas de este deporte son:(17)

- *La necesidad de un material específico, con el que se pueda combatir sin riesgo para los tiradores.*
- *Los participantes luchan de forma individual o por equipos.*
- *Es un deporte asimétrico, predomina la utilización de un lado del cuerpo sobre el otro.*
- *No existe contacto físico entre los tiradores, es un deporte de lucha por medio de tocados con el arma.*
- *El espacio donde se desarrolla el combate es un terreno, de forma rectangular (en forma de pasillo), con unas medidas reglamentarias.*

Para la Real Federación Española de Esgrima la clasificación de este deporte es la que sigue:

- Esgrima de Iniciación
- Esgrima deportiva
- Esgrima escénica

Dentro del área de Educación Física se desarrollan estos tres puntos *"mediante el cumplimiento de los objetivos planteados en los diseños curriculares" (17)*, a saber:

- *Desarrollo de las capacidades y habilidades instrumentales de los alumnos y alumnas, que perfeccionan y aumentan sus posibilidades de movimiento.*
- *Profundización en el conocimiento de la conducta motriz, como organización significativa del comportamiento humano.*
- *Asumir actitudes, valores y normas con referencia al cuerpo y a la conducta motriz.*

Siendo los objetivos educativos principales de esta técnica los siguientes:

- *Conocimiento de un deporte individual, de combate y oposición con antecedentes históricos.*
- *Desarrollo de la expresión corporal, de la condición y cualidades físicas, además de la percepción y análisis de la situación de combate.*
- *Mejora, de la toma de decisiones, pensamiento táctico, ajuste del esquema corporal en los diferentes planos y canalización de la agresividad.*

2.10.1 EJERCICIOS PRÁCTICOS Y ORIENTATIVOS

Es importante consultar una obra de iniciación a la esgrima para tener nociones básicas de esgrima sobre todo:

- Agarre del arma
- Posición Básica
- Desplazamientos fundamentales
- Acciones básicas
- Ejercicios y juegos básicos

En cuanto al material utilizado para esta actividad, existen espadas, floretes y un sin fin de elementos de goma espuma adaptados a la edad escolar para su utilización.

Los ejercicios más usuales podrían ser:

1- Ejercicios y juegos. Fichas de ejercicios y juegos básicos de esgrima.

2- Dramatizaciones. Escenas en las que el texto se dice al mismo tiempo que se utiliza la espada o el florete. Cuando uno este diciendo el texto ataca y el otro defiende y viceversa.

2- Adaptaciones teatrales. Buscar algún texto y adaptarlo en el que se tenga que hacer uso de estos elementos.

(17) Iniciación a la Esgrima, la esgrima alternativa. Yolanda Turón Marco. Editorial Imagen y Deporte, S.L. 1999 (página 9 y 14)

BIBLIOGRAFIA

- **EDUCACIÓN FÍSICA. PROPUESTAS PARA EL CAMBIO.** Belén Tabernar Sánchez. Editorial Paidotribo. 2003
- **EXPRESIÓN CORPORAL. PROPUESTAS PARA LA ACCIÓN.** Mar Montávez Martín y María Jesús Zea Montero. ISBN 84-605-8015-6. 1998.
- **EXPRESIÓN CORPORAL EN CLASE DE EDUCACIÓN FÍSICA.** María Pilar Cachadita Casco, Juan José Rodríguez Terrón y Kiki Ruano Arriagada. Editorial Wanceulen. 2006
- **ARTÍCULO –MOVIMIENTO, CREATIVIDAD, EXPRESIÓN Y JUEGO.** La forma más antigua que tiene el ser humano de comunicarse- Florencia Verde Street. Revista Gymnos, número 4, junio 1999.
- **CRÉDITOS VARIABLES DE EDUCACIÓN FÍSICA. BLOQUE DE EXPRESIÓN CORPORAL. VOLUMEN II.** Anna Canalda Llobet y Rosa Cases Caminal. Editorial Paidotribo. 2000.
- **DIDÁCTICA DE LA EXPRESIÓN DRAMÁTICA.** Una aproximación a la dinámica teatral en el aula. José Cañas. Editorial Octaedro, S.L.1994
- **ABECEDARIO DEL TEATRO.** Rafael Portillo y Jesús Casado. Editorial. Ministerio de Cultura. Instituto Nacional de las Artes escénicas y de la Música. 1986
- **TEATRO DE VOCACIÓN.** Rafael Morales Astola. Ediciones Alfar.1993
- **CREATIVIDAD TEATRAL.** Rosa Pereta Salvía, Fausto Carrillo Coda, Ricardo Boluda Martín y Francisco Antón García. Editorial Alambra, S.A. 1988
- **CUENTOS.** Jacob y Wilhelm Grima. Compañía Europea de Comunicación e Información S.A. biblioteca de El Sol. 1991
- **CONTAR, CANTAR Y JUGAR.** Juan Cervera. Editorial Miñón. 1987
- **ESCENIFICAR UN CUENTO.** Marie-Colette Maine. Hogar del libro. 1986
- **EL ARTE DE CONTAR CUENTOS.** Sara C. Bryant. Hogar del libro. 1984
- **LOS TÍTERES EN LA ESCUELA.** Inés Hernández Sagrado. Editorial Amarú.1995
- **EL TEATRO DE SOMBRAS EN LA ESCUELA.** Soledad Martín Rodríguez, María Luisa Cabañas Marín, Juan José Gómez-Escalonilla Tenorio. Editorial Wanceulen S.L. 2005
- **SOMBRAS DE MANOS.** Vicente Muñoz Puelles. Editorial Anaya. 2002
- **MUSEO DEL NIÑO Y CENTRO DE DOCUMENTACIÓN HISTÓRICA DE LA ESCUELA.** El arte de las sombras chinescas. 2007.
- **MONÓLOGOS.** El club de la comedia. Los monólogos "Como lograr que te dejen". © Globomedia, S.A., y Sogecable, S.A., Diario Córdoba 06/08/2003, página 62
- **INICIACIÓN A LA ESGRIMA. LA ESGRIMA ALTERNATIVA.** Yolanda Turón Marco. Editorial Imagen y Deporte, S.L. 1999
- **EJERCICIOS Y JUEGOS APLICADOS A LAS ACTIVIDADES CORPORALES DE EXPRESIÓN, VOLUMEN I y II.** Mercé Maten Serra, Conxita Durán Delgado y Margarita Troguet Taull. Editorial Paidotribo.
- **LA EXPRESIÓN CORPORAL.** P. Stokoe y A. Shüchter. Editorial Paidos. 1984
- **DESARROLLO DE LA EXPRESIVIDAD CORPORAL. Tratamiento Globalizador de los Contenidos de Representación.** Milagros Arteaga Checa, Virginia Viciana Garófano y Julio Conde Caveda. Editorial INDE. 1997

- **EXPRESIÓN CORPORAL. Técnica y Expresión del Movimiento.** Marta Schinga. Editorial Praxis. 2002

VIDEOGRAFÍA

- **INICIACIÓN A LA ESGRIMA I y II.** Yolanda Turón Marco. Editorial Imagen y Deporte, S.L. 1.999